Gisela Cölle

Komm, ich zeig Dir Mainz

Eine Mainzer Stadtführung für Kinder mit Bildern und einem Text von Gisela Cölle und mit einem Nachwort von Oberbürgermeister Michael Ebling

Es war Freitagnachmittag drei Uhr.

In einem kleinen Reihenhaus auf dem Lerchenberg stand Jan am Fenster und winkte seinem Onkel Karl nach. Der Onkel arbeitete beim ZDF und hatte sich heute Nachmittag freinehmen wollen, um mit Jan ins Schwimmbad zu gehen. Aber in letzter Minute war noch ein Anruf gekommen, und er musste wieder wegfahren. „Grüß die Mainzelmännchen von mir!", rief Jan hinter dem Onkel her. Dann überlegte er, ob er alleine schwimmen gehen könnte. Er fragte Tante Rosel, aber die sagte ganz vorwurfsvoll: „Jan, du bist nun schon eine ganze Woche bei uns in Mainz und hast noch überhaupt nichts von der Stadt gesehen." Dabei sah sie ihn streng über den Rand ihrer Brille an. „Am besten fangen wir bei den alten Römern an, weil die unsere Stadt gegründet haben."

So kam es, dass Jan an diesem sonnigen Juni-Nachmittag mit Tante Rosel ins Römisch-Germanische Zentralmuseum ging anstatt ins Schwimmbad. Im Museum hielt die Tante gleich einen langen Vortrag über die Römer, die vor 2000 Jahren in Mainz gelebt hatten.

Die Tante redete und redete und Jan, der schon lange nicht mehr zuhörte, entfernte sich immer weiter von ihr. Schließlich schlich er sich durch die Tür in einen anderen Saal, vorbei an alten Urnen, Vasen, Münzen und Armreifen. Plötzlich blieb er ganz gebannt vor einer Vitrine stehen, in der ein goldener Ring mit einem mondförmigen Stein lag. Jan hatte noch nie einen ähnlichen Ring gesehen. Vorsichtig streckte er die Hand aus und berührte den Ring mit den Fingerspitzen. Da hörte er ein helles, feines Stimmchen sprechen: „Ich bin der Geist dieses Ringes. Alle hundert Jahre erscheine ich am Johannistag, und wer noch an Geister glaubt, dem erfülle ich einen Wunsch."

Jan überlegte nicht lange. „Ich möchte gern auf einem Drachen über die Stadt fliegen", rief er mit leuchtenden Augen.

„Steig auf!", sagte eine Stimme hinter ihm, und als er sich umdrehte, schaute er in den feuerspeienden Schlund eines riesigen Drachen. „Ich bin Cicero", stellte sich dieser vor und rollte mit den Augen.

Jan nahm seinen ganzen Mut zusammen und kletterte auf den Rücken des Drachens. Er klammerte sich fest an den Drachenhals, und schon hoben sie sich in die Luft. Kaum hatte der Flug begonnen, da wäre es schon fast zu einem Unglück gekommen.

Als sie nämlich zwischen den beiden Türmen von Sankt Peter waren, wollte Jan von dem Drachen Cicero wissen, was für eine Säule sie soeben überflogen hatten. „Augenblick, ich habe gerade nicht aufgepasst", sagte Cicero und wollte schnell noch einmal zur Jupitersäule umkehren; dabei wären sie um ein Haar zwischen den Türmen stecken geblieben. „Meine Güte", brummte der Drache, „ich bin´s auch nicht mehr gewohnt, so durch die Luft zu fliegen."

„Wo kommst du eigentlich her?", fragte er Cicero.

„Unter der Stadt sind noch von den Römern viele alte Gewölbe, da schlafe ich weitab von den Menschen in Ruhe", erklärte der Drache. Er wurde ein wenig rot dabei, denn, wenn er ganz ehrlich war, schlief er gar nicht immer. Er fand nämlich die Menschen mit ihren Erfindungen gar nicht so schlecht; da gab es zum Beispiel den Aufzug in der Sektkellerei Kupferberg … Aber er erzählte Jan lieber nicht davon, dass er schon häufiger, wenn ihm seine 100.000 Drachenjahre zu schaffen machten, oder auch nur so zu seinem Vergnügen, diesen Aufzug benutzt hatte, um vom siebten Stock unter der Erde nach oben ans Tageslicht zu kommen.

„Am besten, wir fliegen jetzt erst einmal zum Markt und besorgen uns Proviant", schlug Cicero vor.

Jan war einverstanden, und da tauchten auch schon die Domtürme vor ihnen auf. „Wir dürfen nicht zu nahe an den Dom herankommen", sagte der Drache, der beim Reden immer ein bisschen Feuer mitspuckte, „der Dom hat nämlich schon siebenmal gebrannt. Außerdem ist Sankt Martin oben auf dem Dom der Schutzpatron der Stadt, und dem wollen wir nicht das Pferd scheu machen."

Sie landeten also in gebührender Entfernung vom Dom, und Jan band den Drachen Cicero am Marktbrunnen fest. Dann ging er los, um Weck, Worscht und Woi für den Drachen zu kaufen.

„Vergiss nicht, einen Blick ins Gutenberg-Museum zu werden", rief ihm der Drache nach. „Schon wieder ein Museum", dachte Jan, aber weil er Cicero nicht kränken wollte, beschloss er, doch einmal hineinzugehen.

Die alte Druckerpresse im Gutenberg-Museum erweckte dann aber Jans ganzes Interesse, und als er wieder zu dem Drachen zurückkam, bat er ihn, ihm etwas über Johannes Gutenberg zu erzählen.

„Ich weiß das alles nicht so genau", sagte Cicero, „Ich lebe schon viel zu lange unter der Erde. Und mit so neumodischem Kram wie Buchdruck gebe ich mich nicht ab. Aber frag doch den alten Gutenberg selbst, den findest du hier ganz in der Nähe."

„Wenn du das Höfchen überquerst, kommst du direkt auf den Gutenberg-Platz. Am besten läufst du immer auf dem 50. Breitengrad, den kannst du an einem Messingband auf dem Gehweg leicht erkennen."

Jan sah das Gutenbergdenkmal gleich. Es stand im Schatten der alten Bäume gegenüber vom Theater. „Guten Tag", sagte Jan etwas schüchtern.

Aber Gutenberg begrüßte ihn sehr freundlich. Er freute sich immer, wenn er Gesellschaft bekam und forderte Jan auf, sich zu ihm zu setzen. Dann begann er zu erzählen, wie er damals vor 500 Jahren in Mainz gelebt hatte und wie er auf die Idee gekommen war, Bücher zu drucken. „Ich bin froh, dass du das damals erfunden hast", meinte Jan, „sonst müssten wir in der Schule noch mehr schreiben."

„Nicht weit von hier habe ich früher meine Werkstatt gehabt", sagte Gutenberg, und da fiel Jan plötzlich wieder ein, dass Cicero noch immer am Marktbrunnen auf ihn wartete. Rasch verabschiedete er sich und lief zum Marktplatz zurück.

Aber er konnte den Marktbrunnen nirgends mehr finden, und der Dom sah irgendwie auch ganz anders aus.

Aufgeregt lief Jan noch ein Stückchen weiter, und da sah er, Gott sei Dank, einen Brunnen. Aber der Drache war nicht zu sehen. War das denn überhaupt derselbe Brunnen?

Ganz ratlos setzte sich Jan auf die Brunnenstufen und fing an zu weinen. Aus dem Haus gegenüber kam eine dicke Frau mit weißer Schürze herausgelaufen und drückte ihm einen riesengroßen Kreppel in die Hand. „Ei, wer werd denn da flenne im goldische Määnz", sagte sie, täschelte ihm freundlich die Backe und verschwand wieder, so schnell wie sie gekommen war, in ihrem Haus.

Zum Glück kam da gerade der Drache um die Ecke gebogen. Er war ganz außer Atem und spuckte gewaltige Feuermengen. „Hab ich mir doch gedacht, dass du dich verlaufen hast. Ausgerechnet in der Altstadt muss ich dich finden", schnaubte er, „wo die Straßen so eng sind und das viele Holz an den Fachwerkhäusern gleich zu brennen anfängt. Los, steig schnell auf, damit wir hier wegkommen!"

Jan kletterte wieder auf den Drachen und sie stiegen rasch in die Luft. „Als du nicht mehr aufgetaucht bist, habe ich mir gleich gedacht, dass du hinter dem Dom falsch abgebogen bist", brummte Cicero nun schon wieder freundlicher. „Aber ich habe doch den Marktbrunnen wiedergefunden", entschuldigte sich Jan.

„Papperlapapp", sagte Cicero, „das war nicht der Marktbrunnen, sondern der Marienbrunnen am Kirschgarten."

Sie flogen jetzt etwas tiefer, und auf einmal rief Cicero dreimal laut und fröhlich „Helau!"

Von unten kam ein hundertfaches „Helau!" zurück. „Wir sind gerade über dem Fastnachtsbrunnen, und für die kleinen Narren da unten hört auch im Sommer die Fassenacht nicht auf", erklärte der Drache.

Jan dachte noch über die verschiedenen Brunnen nach, als Cicero rief: „Achtung, festhalten!" Im selben Moment ging es schon steil nach unten, direkt auf den Springbrunnen vor der Christuskirche zu. „Entschuldige", sagte der Drache mit einem verschämten Blick auf Jan, „aber das Wasser kitzelt so schön am Bauch." Dann flogen sie die Kaiserstraße hinunter bis zum Rhein.

Jan war begeistert von den vielen Schiffen, die den Rhein stromauf und -abwärts fuhren.

Ein großer, weißer Dampfer legte gerade am Ufer an. „Sieh mal, er hat eine holländische Flagge aufgezogen", rief Jan, aber Cicero war nicht zu beeindrucken. „Ich kenne mich hier überhaupt nicht mehr aus", sagte er ganz verwirrt, „es sind so viele neue Gebäude da unten. Ich glaube, wir landen einmal auf dem großen Platz dort und fragen." Auf dem Rathausplatz liefen viele Menschen. Ein großer Teil von ihnen hastete über die Fußgängerbrücke in das Einkaufszentrum am Brand. Aber noch ehe Jan absteigen und irgendwen fragen konnte, hob sich der Drache schon wieder in die Luft. „Ich habe genug von den Menschen, lass uns hinausfliegen ins Grüne", sagte er ganz verstört.

Sie flogen weiter am Rhein entlang in Richtung Stadtpark. Als sie am Holzturm vorbeikamen, winkte ihnen aus einem Dachfenster der Schinderhannes zu, der dort gefangen gehalten worden war. Cicero achtete nicht darauf. Erst über den Wipfeln der alten Bäume des Stadtparks flog er wieder langsamer.

„Die vielen Autos und Menschen sind nichts mehr für mich", sagte er und sah auf einmal sehr müde aus. Sie überflogen den Volkspark und den Grüngürtel von Mainz. Als sie an der Zitadelle vorbeikamen, wäre der Drache beinahe mit seinem Bauch an dem Drususdenkmal hängen geblieben, so tief flog er mit halb geschlossenen Augen. Er warf einen letzten Blick über die Stadt und auf den Rheingau, dessen Weinberge in der Ferne zu sehen waren.

Dann strebte er, ohne noch einmal ein Wort mit Jan zu sprechen, ins Tal hinunter nach Zahlbach.

Dort, bei den Römersteinen, den Überresten der römischen Wasserleitung, legte sich der Drache ins Gras. Es kam Jan so vor, als sei er viel kleiner geworden; er war jetzt fast nur noch so groß wie ein Schaukelpferd. Auch kam beim Atmen nur noch ganz wenig Feuer aus seinem Schlund.

Ein feines Sirren und Zirpen lag in der Luft, und als Jan einen Augenblick lang vor Müdigkeit die Augen schloss, war der Drache Cicero verschwunden.

Gerade kam laut klingelnd die Straßenbahn vorbeigefahren und Jan stieg schnell ein.

„Zurück ins Kurfürstliche Schloss zum Römisch-Germanischen Zentralmuseum?", fragte der Schaffner und blinzelte ihm zu.

„Ja", antwortete Jan noch ganz abwesend.

Vor dem Kurfürstlichen Schloss stand die aufgeregte Tante mit dem Museumswärter. Beide waren sehr erleichtert, als sie Jan sahen. „Wo warst du denn bloß", rief die Tante Jan zu. „Wir haben dich überall gesucht. Schließlich wollte ich doch noch mit dir ins Gutenbergmuseum gehen."

„Im Gutenbergmuseum", lächelte Jan, „da war ich schon, und Gutenberg hat mir eine Menge über den Buchdruck erzählt."

„Und was ich sonst noch alles gesehen habe!" fügte er ganz leise hinzu, dass Tante Rosel es nicht hören konnte.

„Sie müssen schon entschuldigen", sagte die Tante mit einem verlegenen Blick auf den Museumswärter. „Der Junge fantasiert. Wahrscheinlich ist er zu lange in der Sonne herumgelaufen. Es ist aber auch eine Hitze heute! Hoffentlich geht es ihm heute Abend wieder besser, da wollen wir nämlich alle zusammen zum Johannisfest."

Als er „Johannisfest" hörte strahlte Jan übers ganze Gesicht. Denn so viel wusste er noch von seinem Besuch bei Tante Rosel im vergangenem Jahr: Auf dem Johannisfest gibt es alles, was ein Kinderherz begehrt – Karussell und Riesenrad, Bratwurst und Zuckerwatte und am Abend wird auf dem Rhein ein riesiges Feuerwerk abgebrannt.

Da Jan sich vor dem Theater mit Johannes Gutenberg ja lange unterhalten hatte, wusste er auch, dass das Johannisfest Gutenberg zu Ehren gefeiert wurde. Früher hat man die Buchdrucker, wenn sie ausgelernt hatten, zum Spaß in ein großes Holzfass mit kaltem Wasser getaucht. Zur Erinnerung an diesen Brauch macht man es beim Johannisfest immer noch so; das heißt dann gautschen.

„Ach, Tante, ich freue mich so, dass ich jedes Jahr im Juni zu dir nach Mainz kommen darf", sagte Jan ganz glücklich. „Und ich bin ja auch froh, wenn du mich besuchst", lachte Tante Rosel.

Sie liefen noch ein Stück bis zum Bahnhof und stiegen dann in die Mainzelbahn ein, um den Onkel auf dem Lerchenberg abzuholen.

Liebe Kinder,

begleitet den kleinen Jan, wie er neugierig und wissensdurstig auf dem Rücken seines neuen Freundes, dem Drachen Cicero, durch Mainz streift.

Wie es dazu kam, verrate ich an dieser Stelle nicht, aber auf seinem Drachen ist noch ganz viel Platz, und ihr könnt ihm auf seiner spannenden Reise zu den schönsten und bekanntesten Orten in Mainz Gesellschaft leisten.

Schaut euch die bunten, fantasieanregenden Bilder von Gebäuden, Plätzen und einem plötzlich „lebendigen" Denkmal an, von denen ihr manche bestimmt erkennt. Bei anderen müsst ihr vielleicht raten, aber der freundliche Drache kennt sich gut aus in unserer Stadt und weiß auch jede Menge Geschichten über die Plätze und Bauwerke. Mit Jan und dem Drachen habt ihr zwei neue Freunde, die euch von Ort zu Ort begleiten. Ihr werdet staunen, was man in Mainz alles erleben kann. Und soviel sei nun doch verraten: Sogar unser Rathaus, mein Arbeitsplatz, kommt im Buch vor.

Als Oberbürgermeister freue ich mich, dass der Kinderstadtführer „Komm, ich zeig Dir Mainz" von Gisela Cölle neu aufgelegt worden ist und wünsche allen Kindern, aber auch den jung gebliebenen Erwachsenen, die sich auf Cicero schwingen wollen, bei der Entdeckungsreise durch Mainz viel Spaß.

Michael Ebling
Oberbürgermeister der Landeshauptstadt

Gisela Cölle

wurde in Zweibrücken geboren. An der Fachhochschule für Kunst und Gestaltung in Hamburg absolvierte sie Kurse für Bildgeschichten und Comic. Sie erhielt zahlreiche Preise und veröffentlichte drei Bilderbücher. Nach dem Medizinstudium in Mainz ist sie seit 1980 als Hausärztin in Mainz-Mombach niedergelassen. – Gisela Cölle hat drei Kinder und acht Enkelkinder, mit denen sie ihre Wahlheimat Mainz immer wieder neu entdeckt.

© edition-tz.de | Neuauflage

Alle Rechte, auch diejenigen der Übersetzung, vorbehalten. Kein Teil dieses Buches darf in irgendeiner Form (Druck, Fotokopie, Mikrofilm oder ein anderes Verfahren) ohne die schriftliche Genehmigung des Verlages reproduziert oder unter Verwendung elektronischer Systeme verarbeitet, vervielfältigt oder verbreitet werden.

TZ-Verlag & Print GmbH, 64380 Roßdorf

Bruchwiesenweg 19 | 64380 Roßdorf | Tel. 0 61 54 - 8 11 25 | E-Mail: service@tz-verlag.de | www.edition-tz.de

ISBN 978-3-945782-33-0